AFRIKA
Kap der
Guten Hoffnung
Madagaskar und
Komoren
Madagaskar
1994
Prince Edward-
Inseln
Crozet-Inseln
INDISCHER OZEAN
Heard und
MacDonald-
Inseln
Kerguelen
Neu Amsterdam
St. Paul
TICA
antarktische
Konvergenz
subtropische
Konvergenz
1994
Balleny-Inseln
1996
Macquarie
Auckland-
Inseln
Fremantle
Perth
1994
Tasmanien
AUSTRALIEN
Nelson
Tasman-See
ay of Islands
madec-Inseln
In diesem Band
beschriebene Route
In der Zwischenzeit
und früher befahrene
Route

DELIUS KLASING

HEIDE UND ERICH WILTS

SEGELZIELE VOLLER WUNDER

MIT DER »FREYDIS«
ZU DEN EINSAMSTEN INSELN DER WELT

DELIUS KLASING VERLAG

Für Mama,
die unseren Weg durchs Leben
und durch die Welt immer unterstützt
und gewürdigt hat.

Von Heide und Erich Wilts sind im Delius Klasing Verlag
folgende Titel erschienen:

Wo Berge segeln
Weit im Norden liegt Kap Hoorn
Gestrandet in der weißen Hölle
Sternstunden auf allen Ozeanen
Auf der Route der Albatrosse

Die Deutsche Bibliothek –CIP-Einheitsaufnahme

Segelziele voller Wunder : mit der »Freydis« zu den
einsamsten Inseln der Welt / Heide und Erich Wilts. –
Bielefeld : Delius Klasing, 1997
ISBN 3-7688-1019-4

Ausrüstung: Alle Fotos wurden mit MINOLTA
Dynax 9 XI und X-700 sowie mit Minolta-Originalobjektiven
aufgenommen.

ISBN 3-7688-1019-4

Text: Dr. Heide Wilts
Fotos: Erich Wilts
Schutzumschlaggestaltung, Innenlayout und Karten:
Ekkehard Schonart
Druck: Grafischer Betrieb Ernst Gieseking, Bielefeld
Printed in Germany 1997

Inhalt

FREYDIS
Freydis

Vorspiel

Schiffbrüchig acht Monate zu zweit auf einer antarktischen Insel – man sollte meinen, das sei genug, um der Antarktis ein für allemal den Rükken zu kehren. Nie werden wir die beißende Kälte vergessen, die Muskelkrämpfe, Erfrierungen und körperlichen Schmerzen durch Überanstrengung, die endlosen Stürme, die uns immer wieder einwehten, die schier aussichtslose Lage, in der sich unser Schiff befand – unter Schnee- und Eismassen begraben – nie die Dunkelheit, die Einsamkeit und die Angst. Doch es gibt auch andere Erinnerungen: dampfende schwarze Strände und heiße Quellen, unsere Wanderungen über den vereisten Krater, urweltliche Eisbergszenerien, ein eigenartiges Licht- und Farbenspiel am Himmel, unsere Solidarität mit den wenigen Tieren, die wie wir ums Überleben kämpften, der erste Krillschwarm zu Beginn des Frühlings und die Geburt der Robbenbabies, die Freude, wenn es uns wieder einmal gelungen war, einen Teil unserer Ausrüstung zu reparieren... und nicht zuletzt eine gelebte Zweisamkeit, wie wir sie nie gekannt hatten.

Diese beglückenden Erfahrungen des »einfachen Lebens« in der Natur mit all ihren Höhen und Tiefen, die uns ehrfürchtiges Staunen und eine Demut gelehrt haben, die zufrieden und dankbar macht, sind der Grund dafür, dass es uns immer wieder in diese eisigen Gefilde zieht. Bei Fertigstellung dieses Buches sind wir gerade von unserer fünften Reise in die Antarktis (diesmal zum Rossmeer) zurückgekehrt. Was vor 15 Jahren bei unserem ersten Antarktisbesuch als Herausforderung begann, ist längst zu einer Leidenschaft geworden. Diese Leidenschaft beschränkt sich nicht nur auf arktische oder antarktische Regionen, sondern auf alle entlegenen Naturreservate unserer Erde, auf denen wir noch eine weitgehend ursprüngliche Landschaft und Tierwelt anzutreffen hoffen. Zu diesen fernen Zielen hat uns auch diesmal wieder unsere Segelyacht FREYDIS gebracht, die schon so viele Jahre mit uns durch »dick und dünn« und wahrhaftig durch Feuer und Eis gesegelt ist. Mit ihrem aufholbarem Kiel und ihrer verstärkten Bodenplatte ist die 15 Meter lange Stahlyacht bestens geeignet für schwierige Segelreviere mit oft unvermessenen, flachen Gewässern und tückischen Strömungen.

Ihr Name stammt aus einer Wikingersaga. Freydis war die Tochter des Grönlandentdeckers Erik des Roten und die erste Frau, die als Haupt einer Expedition den Atlantik überquerte. Wie ihre Namensgeberin ist auch unsere Wikingerin eine

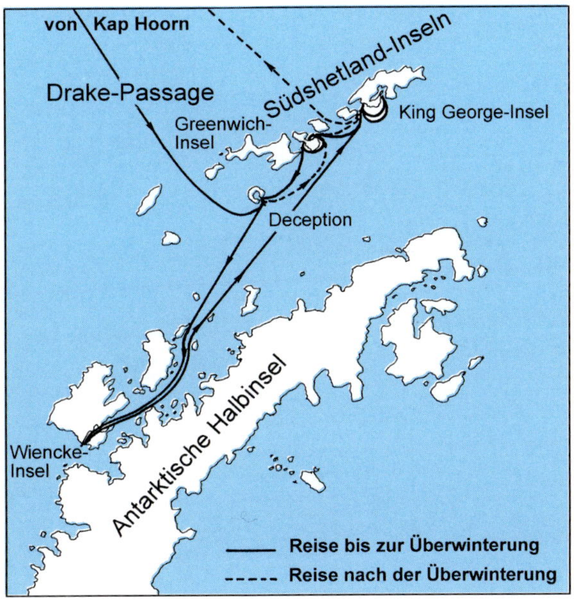

Die FREYDIS vor einem Eisbergkoloss am Eingang des Scoresby-Sundes, Grönland. Die Schiffsdaten: Länge 14,30 m, Breite 4,15 m, Tiefgang 1,5 bis 2,5 m (Hubkiel), Verdrängung ca. 22 to; Stahlknickspanter, kuttergetakelt. (linke Seite)

zähe Kämpferin. Sie hat mit uns nicht nur lange Ozeanpassagen in tropischen Gebieten bestanden, sondern auch abenteuerliche Reisen in den hohen Norden und tiefen Süden, die voller Unwägbarkeiten, Risiken und Gefahren waren. Mehrfach besuchten wir mit ihr Spitzbergen, Island, Grönland und Neufundland*, umrundeten viele Male Kap Hoorn, umsegelten ganz Südamerika*, überquerten viermal die Drakestraße und überwinterten schließlich auf ihr als Schiffbrüchige in der Antarktis*. Schon totgesagt ist unser Schiffchen wiederauferstanden und pflügt mit uns noch immer unverdrossen durch die Meere. Diesmal auf der Route der Albatrosse*, denn unser Ziel ist es, die Antarktis zu umsegeln und möglichst viele an ihrem Rande liegende antarktische und subantarktische Inseln zu besuchen. Und weil wir uns nur in den wenigen Monaten des Südsommers in diese eisigen Breiten wagen können, nutzen wir die Wartezeiten zu Abstechern in subtropische und tropische Inselreviere, die abseits aller Touristenströme liegen.

Die meisten Abschnitte dieser anspruchsvollen Reise wollen wir nicht allein, sondern mit einer wechselnden Mannschaft segeln. Es macht uns einfach Spaß, unsere Erlebnisse mit anderen Menschen zu teilen. Aber das ist es nicht allein: Ihr finanzieller Beitrag entlastet natürlich unseren Reiseetat, und – weit wichtiger – durch eine ausreichende Zahl erfahrener Crewmitglieder wird das Risiko dieser Segeltouren mit Expeditionscharakter erheblich vermindert. Das gilt nicht nur beim Abwettern von Stürmen auf hoher See, sondern ganz besonders beim Segeln in noch weitgehend unerforschten Küstengewässern. Denn wir wollen ja unsere Ziele nicht nur von Bord aus betrachten, sondern hautnah erleben. Ohne schützende Häfen oder Buchten ist Anlanden aber oft nur möglich, wenn ein Teil der Crew an Bord bleibt, das Schiff segel- und manövrierfähig hält und den Landgängern notfalls Hilfestellung leistet; eine Erfahrung, die sich auch auf dieser Reise wieder einmal bewahrheitet hat.

Und noch ein weiterer Punkt spricht für eine größere Mannschaft: Zwar ist die Freydis unser Zuhause, und sieben oder acht Mann auf einem kleinen Schiff bedeuten für uns eine erhebliche Einschränkung und Anpassung, gleichzeitig erfahren wir durch sie jedoch eine enorme Bereicherung. Rückblickend waren es oft gerade die langen und harten Törns, auf denen die positiven Erfahrungen überwogen.

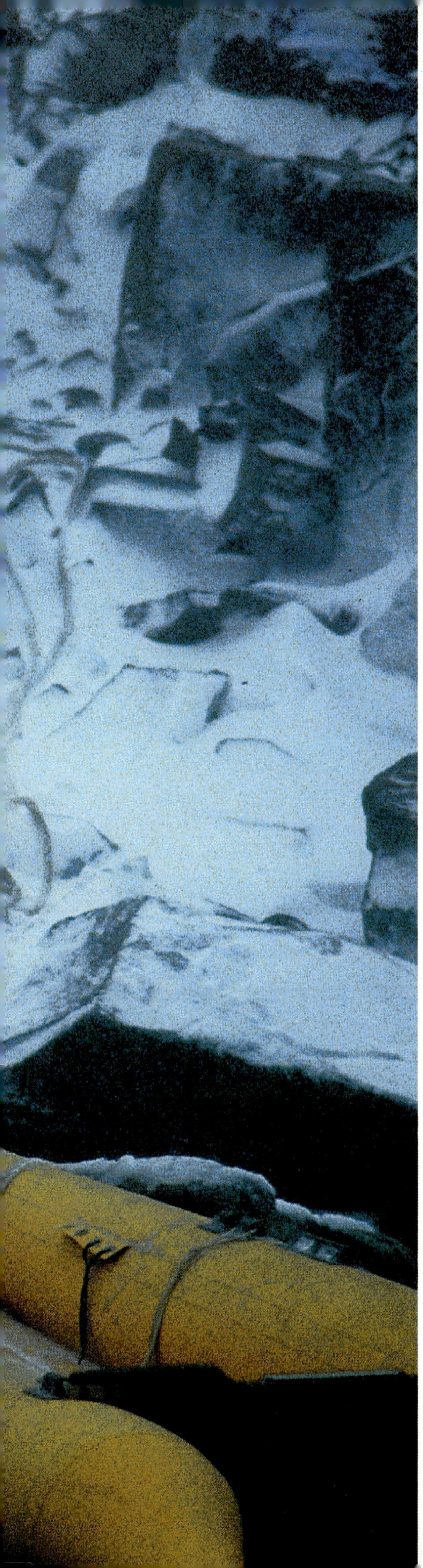

In der Antarktis überrascht uns ein Blizzard beim Ankern vor Port Lockroy. Der Anker slippt; also suchen wir Schutz auf der Leeseite einer Felseninsel, wo wir die Freydis mit starken Leinen vertäuen. (linke Seite)

---

* Beschrieben in den folgenden Büchern: »Wo Berge segeln«, »Weit im Norden liegt Kap Hoorn«, »Gestrandet in der weißen Hölle«, »Sternstunden auf allen Ozeanen«, »Auf der Route der Albatrosse«

Wir ankern vor der Südshetlandinsel King George. Im Sturm gefriert Gischt zu Eis und überzieht die FREYDIS mit einem dicken Panzer. Die Gefahr ist groß, dass das Schiff topplastig wird und kentert. Deshalb müssen wir so rasch wie möglich der weißen Last mit Spitzhacke und Vorschlaghammer zu Leibe rücken.

Unser schwarzer Freitag (24. Mai 1991) wird ein Einschnitt in unserer persönlichen Zeitrechnung bleiben. Bis Donnerstag waren wir Weltumsegler mit dem anspruchsvollen Vorhaben, auf Deception, einer Vulkankraterinsel im antarktischen Eismeer, zu überwintern. Seit diesem Freitag waren wir Schiffbrüchige. Doch die Strandung ist nicht das Ende eines Seglertraumes; nach sieben Monaten können wir mit unserer FREYDIS dem eisigen Gefängnis entkommen und bald wieder zu neuen Ufern aufbrechen. *(nachfolgende Doppelseite)*

Im Südatlantik

Feuerland

Fast bei jedem Wetter haben wir das Kap Hoorn schon gerundet – Routine wird es trotzdem nie, sondern bleibt immer Herausforderung, Wagnis und Abenteuer zugleich. Die winterliche Umrundung ist sogar etwas vollständig Neues für uns. Die sonst so grünen Hänge liegen unter einem halben Meter Schnee begraben, und ein Hauch von der nur 500 Seemeilen entfernten Antarktis umgibt den berühmt-berüchtigten Felsen. Die Temperaturen liegen unter dem Gefrierpunkt, Hagel- und Schneeschauer fegen übers Deck, im Salon wärmt sich die Freiwache am bullernden Dieselofen wieder auf.
Ein wunderschöner Regenbogen empfängt uns am Eingang zur Le-Maire-Straße, der schmalen Passage zwischen der äußersten Spitze des südamerikanischen Festlands und der Staateninsel. Raumschots brausen wir dem Eiland entgegen, an dessen nebel- und wolkenverhangenen Steilküsten und vorgelagerten Klippen so viele Rahsegler zerschellten, dass die Insel weithin als Schiffsfriedhof bekannt wurde.
Diese Insel, die flächenmäßig nicht größer ist als Bornholm, hat eine Vielzahl von Buchten und tief-versteckten Einschnitten. Sie ist unbewohnt, mit Ausnahme einer kleinen, argentinischen Station in einem der Fjorde. Die fünf Soldaten sind froh über unseren Besuch und die damit verbundene Abwechslung. Monatelang abgeschnitten von der Welt, fristen sie hier ein wahres Eremitendasein. Dass argentinische Strafgefangene einst gerade hierhin gebracht wurden, hatte seinen Grund: von dieser Insel, die allseits von rauher See umgeben ist, gab es kein Entrinnen.

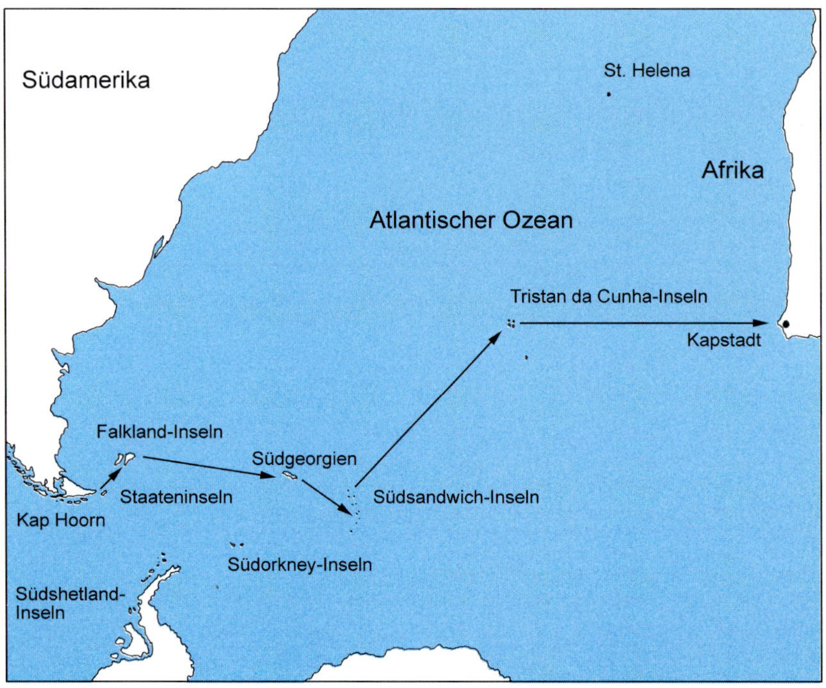

Wie Feuerland zählen auch die Falkland-Inseln zur Subantarktis. Das Packeis schiebt sich im Winter oft dicht an die Inseln heran, und Eisberge driften immer wieder an ihnen vorbei; manche schaffen es sogar bis vor die La Plata Mündung.
Trotzdem scheint es keinen größeren Kontrast zu geben, als zwischen der Staateninsel mit ihren üppig bewaldeten, tiefgrünen Bergen und Tälern und den Hauptinseln der Falklands mit ihren flachen, endlosen Schaffarmen, Steinwüsten und Mooren. So verödet uns die Hauptinseln auch vorkommen, die Eilande um sie herum sind umso faszinierender; Beauchêne – weit im Süden vorgelagert – ist die Perle unter

In mühseliger, monatelanger Kleinarbeit reparieren wir die havarierte Freydis. Unterstützung erhalten wir von der chilenischen Armada und vor allem von den Feuerlandindianern, die monatelang mit uns zusammen am Schiff arbeiten.

ihnen. Teilweise oder ganz zu Reservaten erklärt, können sich die angestammten Tiere und Pflanzen auf ihnen noch behaupten. Die Tintenfische werden mit den kalten, planktonreichen Wassern des Falklandstroms (nie über 6°C) an die Küsten gespült. Doch ihre Schwärme werden immer kleiner, die Fischtrawler immer gieriger. Das Nachsehen haben zunächst einmal Robben und Seevögel.

Südgeorgien

Die ersten Eisberge dieser Reise begegnen uns kurz nachdem wir die antarktische Konvergenz – eine viele Kilometer breite Zone, in der kaltes nach Norden fließendes Antarktiswasser unter die wärmere subantarktische Strömung sinkt – passiert haben. In majestätischer Erhabenheit driften die Kolosse an uns vorüber wie eine Galerie gigantischer Skulpturen, deren ungewöhnliche Formen und Farbschattierungen unserer Phantasie immer neue Nahrung geben. Kein Zweifel, wir sind wieder im Reich der eisigen Mysterien: Wir sind wieder in der Antarktis.

Was für ein atemberaubender und zugleich gespenstischer Anblick, als sich am Morgen die hohen, vergletscherten Bergspitzen Südgeorgiens aus dem Nebel schälen! »Die wilden Felsen erhoben ihre Gipfel bis in die Wolken, und die Täler lagen unter ewigem Eis begraben.« James Cook auf der HMS RESOLUTION hat den

Feuerlandindianer Luis Calderón ist ein tatkräftiger Helfer. (oben)

Christina Calderón in der kleinen Indianer-Siedlung Ukika am Rande des Garnisonstädtchens Puerto Williams. (links)

Anblick schon vor Jahrhunderten passend beschrieben.
Kein Baum, kein Strauch wächst hier, und doch ist diese Insel mit ihren großartigen Berg- und Gletscherszenerien landschaftlich ungewöhnlich eindrucksvoll und abwechslungsreich. In ihren Buchten tummeln sich Robben und Pinguine unbekümmert und in großer Zahl inmitten windzerfledderter Geisterstädte und rost-

strotzender Gerätschaften aus Wal- und Robbenfängerzeiten, die langsam in Sand und Meer versinken. Hier wurden früher die Seebären zu Tausenden erbarmungslos erschlagen und ihnen noch bei lebendigem Leibe das Fell abgezogen. Doch die Zeiten haben sich gründlich geändert. Auf Südgeorgien gibt es keine Robbenschläger mehr, allenfalls »Schlägerrobben«, die *uns* bedrohen – häufig genug müssen wir Fersengeld geben. Und das ist auch gut so: Schließlich sind wir die Eindringlinge, die Fremden in einer Natur, in der wir eigentlich nichts zu suchen haben, weil wir so, wie wir geschaffen sind, gar nicht überleben könnten. Hier ist nicht der Mensch, hier sind die Pinguine und Robben die Krone der Schöpfung.

Die Insel und ihre Tiere haben die Rücksichtslosigkeit des Menschen überlebt, seine Verschan-

In den Fjorden der Darwinkordillere in Feuerland: Segeln unter 250 Quadratmeter Spinnaker im eisigen Gletscherwasser.

delungen und Plünderungen wie durch ein Wunder überstanden. Ab und an lässt sich in den Gewässern sogar wieder ein Wal blicken.

Auf unserer Reise werden wir häufig von Albatrossen begleitet. Denn hier im Herrschaftsgebiet schäumender Wut liegt auch das Reich dieser sanftmütigsten und – gemessen an ihrer Flügelspannweite von über drei Metern – größten aller Seevögel. Für uns sind sie die großen Abenteurer der Meere. Ihre Landaufenthalte bleiben nur kurze Unterbrechungen in einem langen, einsamen Leben auf See. Getragen von den stürmischsten Winden der Erde umfliegen sie die Antarktis in weitem Bogen und legen dabei kaum vorstellbare Distanzen bis zu 1000 Kilometer am Tag zurück: Etmale, von denen wir Segler nur träumen!

Segeln im Sturm. Kein leichter Job für den Rudergänger, der allen Unbilden ausgesetzt ist. Doch nur so behält er das Gefühl für Wind und Wellen und kann gefährliche Brecher aussteuern. Bei der erforderlichen Konzentration und der körperlichen Belastung ist es vor allem nachts wichtig, dass er alle halbe Stunde abgelöst wird.

Kap Hoorn im Winter. Die Umrundung dieses Schicksalsfelsens wird für uns nie zur Routine werden, sondern bleibt immer Herausforderung, Wagnis und Abenteuer. (nachfolgende Doppelseite)

Wir ankern in den Buchten der Kap-Hoorn-Insel und streifen durch ihre fast unberührte Wildnis. Ein grandioses Naturerlebnis für uns und unsere Mitsegler (im Bild unser Freund Albert).

Auf der gebirgigen Staateninsel erkunden wir eine Welt wie aus dem Märchenbuch: nie betretene Wiesen und Wälder, sprudelnde Bäche, geheimnisvolle Moore, Felswände, schmale Grate, Bergseen und eiskalte Wasserkaskaden. Wenn überhaupt irgendwo, so glaubt man, hausen sie noch immer an diesem Ort, die Feen, Berggeister und Wasserkobolde.

Auf der Staateninsel. Beim Bergsteigen entdecken wir unter uns eine kleine geschützte Bucht. Dort lassen wir uns später trockenfallen und wechseln den defekten Echolotgeber am Unterwasserschiff aus. (links)

Am Ufer der Bahia Cook (Staateninsel) entdecken wir einen alten Friedhof, auf dem Strandungsopfer und Gefangene einer ehemaligen Strafkolonie begraben wurden.

Auf den Ankergrund in der Bahia Cook ist wegen des Kelp (armdicke Wasserschlingpflanze) kein Verlass, da der Anker nicht greift. Deshalb sind wir froh, die Freydis an einer Mooring festlegen zu können.

Zu ihren Geburtsinseln kehren sie nur zurück, um sich zu paaren und zu brüten. Auf vielen dieser sturmumtosten subantarktischen Eilande besuchen wir ihre Brutkolonien, meist begleitet von den Biologen der wissenschaftlichen Stationen.
Es gibt mehr als ein Dutzend Albatrosarten: Wander-, Gelbschnabel-, Schwarzbrauen-, Ruß-, Graukopf- sowie Bulleralbatrosse, und wie sie sonst noch alle heißen. Sie unterscheiden sich in Größe und Färbung ihres Gefieders und Schnabels, nicht aber in ihrem Wesen. Und es ist ihr Wesen – ihre Sanftmut, ihre Grazie, ihre Duldsamkeit, ihr soziales Verhalten in den Kolonien, wo sie oft zusammen mit Pinguinen und anderen Seevögeln brüten –, was uns an diesen Superfliegern vor allem fasziniert. Ihre offensichtliche Freude bei der Ankunft des Partners, dem sie ein ganzes Leben die Treue halten, ihre Hingabe, mit der sie das einzige Junge aufziehen oder trauernd den verletzten Kameraden umsorgen, ihre Demut, mit der sie Leid und Tod ertragen, berühren uns tief und erfüllen uns mit Achtung und Sympathie.

Ein Albatros begleitet uns. Was wir uns mühsam unter Segeln erkämpfen, meistert er, scheinbar schwerelos, fast ohne Flügelschlag.

Bahia Martial: Mit dem Dingi auf der Suche nach ehemaligen Indianer-Lagerstätten.

Südsandwichs

Nie haben wir einsamere, rätselhaftere Inseln besucht als die Südsandwichs! Hier gibt es keine Stationen – keine Wissenschaftler, keine Militärs und keine Touristen. Für uns Menschen sind diese Inseln noch weit lebensfeindlicher als Südgeorgien. Nirgends geschützte Buchten; ein Landgang ist nur unter großer Gefahr möglich.
Staunend segeln wir vorbei an Hängen aus glasigem Eis, an schroffen, düsteren Wänden aus orgelpfeiffenartigem, mit Eisstalaktiten geschmücktem Basalt, an kleinen, schmalen Kieselstränden und an marineblauen, flaschengrünen oder bunt wie Achat gemaserten Eisbergen.
Scharen von Zügel-, Esels- und Adelie-Pinguinen bevölkern das ab und an wie in einer Hexenküche dampfende Wasser, das Eis, die dunklen Aschenstrände, ja selbst das schwarze, stachlige Lava-Labyrinth mit seinen grotesken, urzeitlich anmutenden Gesteinsformationen am Fuße der qualmenden, nach Schwefelwasserstoff stinkenden Vulkanhänge.
Moose und Flechten bilden die einzig grünen Oasen an Land, vulkanische Dämpfe verätzen unsere Kehlen, tückischer Bimsstein, Tuff und aschebedeckte Gletscher verzeihen keinen falschen Tritt. Schier unglaublich, dass gerade hier, in diesem mörderischen Terrain, zur Brutzeit so viele Tiere leben – allein auf Zavodovski an die fünf Millionen Pinguine – und am Strand finden wir natürlich auch einige andere alte Freunde: Elefanten-, Wedell- und Pelzrobben.

Welch ein aufregendes Gefühl, den Fuß auf eine Insel zu setzen, deren Bewohner wahrscheinlich noch niemals einen Menschen gesehen haben! Trotz hohen Schwells und tosender Brandung haben wir alle mit dem Dingi zur Insel Candlemas übergesetzt. Sie ist fast vollständig unter einer hohen Gletschereisdecke begraben und trägt neben dem aktiven Vulkan »Luzifer« noch zwei weitere, erheblich höhere Berge.

Bahia Hoppner, Staateninsel. Es ist bitter kalt, über Nacht hat es geschneit. Unter Deck bullert der Dieselofen, im Freien schützt uns Thermokleidung. (linke Seite)

Unzählige Kehlstreifenpinguine bevölkern die Umgebung: das Wasser, die dunklen Aschestrände mit einer Barre aus dicken, rundgeschliffenen Steinen sowie eine kleine Lagune dahinter. Durch spitzes, zackiges Lavagemäuer und Eisbrücken kraxeln wir bis zum Fuße Luzifers, sozusagen durch die Vorhölle. Über Steilhänge aus Tuffstein und Asche steigen wir, an den Nisthöhlen kleinerer Sturmvogelarten vorbei, bis zum Kraterrand hinauf. Dort werden wir eingehüllt in Schwefelwasserdämpfe und müssen höllisch aufpassen, um nicht mit den Schuhen im heißen, backsteinroten Brei zu versinken. Oder um nicht an den schwefelgelben Innenwänden abzurutschen, hinein in den glühenden Aschetrichter. Eine ganze Weile stehen wir da oben, wie berauscht von dieser übermächtigen, drohend imposanten Natur, deren Kraft so unvermittelt fühlbar wird in dem kochend heißen Atem des Vulkans, im kalten, über uns hinwegfegenden Wind, in den grellweiß aufschäumenden, gegen tiefschwarze Felsen donnernden Seen und schließlich in den draußen auf geheimnisvollen Kursen ziehenden Eisgiganten.

Tristangruppe

Auf dieser langen, eisigen Reise erscheint uns das Leben manchmal ganz unwirklich. Als ob die Freydis ein kleiner Stern wäre, der durchs All fährt, zeitlos in einem Meer der Ewigkeit. Nichts dringt vom Getöse der bevölkerten Welt zu uns herein – weder gute noch schlechte Nachrichten. Wir leben unser eigenes, abgekapseltes Leben in unserem kleinen Planeten Freydis.
Der Südsommer hat seinen Höhepunkt überschritten. Es wird Zeit für uns, die Antarktis zu verlassen und wärmere Gefilde aufzusuchen. Wir segeln deshalb wieder nach Norden, dies-

Auf der Insel Beauchêne (Falklands) können wir nur mit dem Dingi landen. Während ein Teil der Crew die Insel mit der FREYDIS umrundet, entern die anderen die Insel, deren Hochplateau dicht besetzt ist mit brütenden Schwarzbrauenalbatrossen (Mollymauks) und Felsenpinguinen. (oben)

Auch eine Elefantenrobbenhaut bedarf der Pflege.

Wohin man schaut – brütende Mollymauks (Schwarzbrauenalbatrosse), Vogelriesen mit Flügelspannweiten von 2,30 Meter und einem Augen-Make-up à la Kleopatra. In harmonischer Eintracht mit ihnen nisten die Felsenpinguine, Dreikäsehoch-Punks mit putzigen, goldgelben Federbüscheln über roten Glühaugen.

Auf Bleaker Island, Falklands, wird zwar Schafzucht betrieben, aber einige Pinguinkolonien sind durch Zäune abgetrennt und werden lebhaft frequentiert. *(nachfolgende Doppelseite)*

mal den entlegensten Inseln der bewohnten Welt entgegen: der Tristangruppe, die auf der Höhe des Kaps der Guten Hoffnung zwischen Südamerika und Afrika liegt. Bewohnt und kultiviert ist allerdings nur die Hauptinsel selbst, Tristan da Cunha, nicht aber die kleineren, ebenfalls zum Archipel gehörenden Eilande Inaccessible und Nightingale. Die Gruppe liegt mitten im Atlantik auf dem vulkangespickten Mittelatlantischen Rücken, 1200 Meilen von St. Helena, 1500 vom Kap der Guten Hoffnung und 1800 von Uruguay entfernt. Auch diese Inseln sind nichts weiter als Gipfelregionen riesiger unterseeischer Vulkane, die noch rund 3000 Meter tiefer ins Meer hinab reichen. Tristan, Hauptinsel und noch aktiver Vulkankegel, spuckte 1961 so viel glühende Lava und Asche, dass die Insulaner sogar vorübergehend evakuiert werden mussten.

Wir sehen nur ein einziges Schiff im Revier, einen Kapstädter Fischkutter. Im letzten Jahrhundert war es hier nicht so einsam; Tristan lag auf der Route der Rahsegler, die von Nordamerika und Europa nach Indien und Fernost zogen. Wenn das Wetter es zuließ, suchten sie die Hauptinsel gerne auf, um Trinkwasser und Frischproviant zu bunkern. Heute nehmen Schiffe mit denselben Zielen die Abkürzung durch den Suezkanal, und die wenigen, die ihrer Größe wegen noch immer um das Kap der Guten Hoffnung müssen, laufen mit Maschinenkraft auf direktem Weg dorthin. Abgesehen von einigen Fischereischiffen, die zwischen Kapstadt und Tristan verkehren, und ganz selten einmal von Yachties wie uns, bekommen die Inseln deshalb heutzutage kaum mehr Besuch.

Wir haben ungewöhnliches Glück mit dem Wetter und finden hinter einem Riff der Insel Nightingale einen brauchbaren Ankerplatz, sodass wir einen ganzen sonnigen Tag unbeschwert die Geheimnisse dieser idyllischen Insel ergründen können: Gleich hinter der Uferböschung finden wir zahlreiche Wellblechhütten, die den Bewohnern Tristans während der letzten Vulkaneruption als Notquartiere dienten. Nun sind sie verrottet und von Schilf überwuchert. Die Insel gehört allein den Vögeln. Auf glitschigen Spuren weisen uns ein paar Felsenhüpfer-Pinguine den Weg zu ihrer Kolonie und weiter oben rennen Spottdrosseln aus allen Schlupfwinkeln auf uns zu und begleiten uns neugierig und zutraulich über ein ausgedehntes, mit Tussokgras bewachsenes Plateau. Am Hang ist der Boden von unzähligen Nisthöhlen schwarzkappiger Sturmtaucher wie ein Sieb durchlöchert und mit Leben gefüllt, und in einem Hain aus flechtenbehangenen, dickblättrigen Myrtenbäumen liegt die Kinderstube der Albatrosse mit den goldenen, schwarzumahmten Schnäbeln. Während die Eltern auf See beim Fischen sind, thronen ihre stattlichen, flauschigen Daunenkinder allein auf den sockelförmigen Nestern und mustern uns ohne Scheu mit aufmerksamen Augen. Nach der beschwerlichen Reise zu den eisigen, abweisenden Südsandwichinseln fühlen wir uns auf Nightingale wie verzaubert.

St. Andrews-Bucht, Südgeorgien: Ein Strandleben, gegen das die Copacabana ein elender Provinzstrand ist – die Bucht beherbergt 10.000 brütende Paare von Königspinguinen. (linke Seite)

Ein Königspinguin führt seine Gelenkigkeit vor.

Ehemalige Walfängerbucht Ocean Harbour, Südgeorgien. Im Hintergrund das Wrack eines Rahseglers. (nachfolgende Doppelseite)

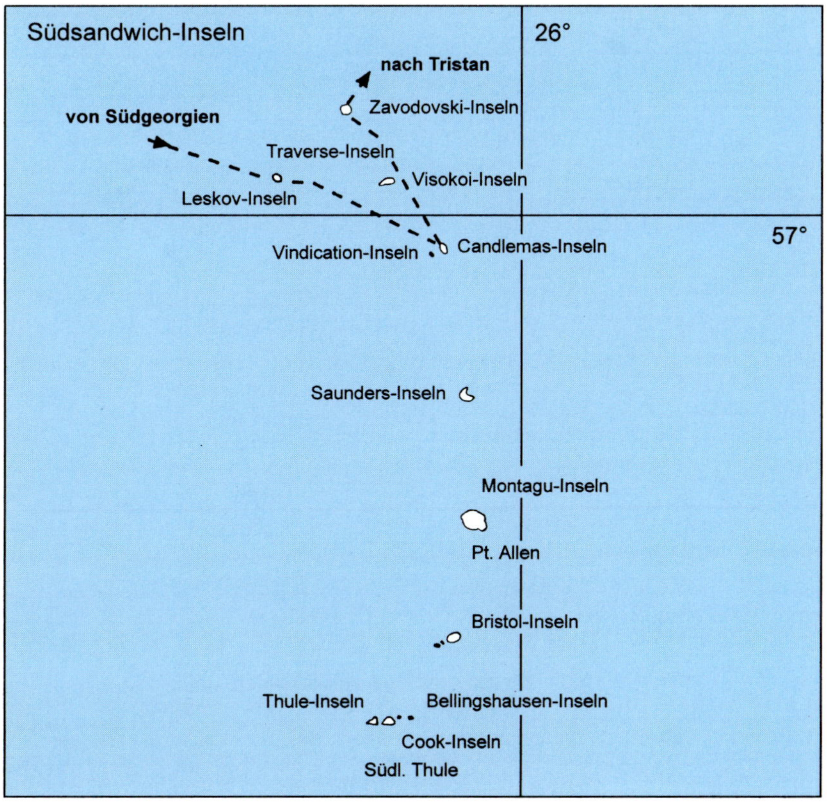

Empfangskomitee in Golden Harbour, Südgeorgien. (linke Seite)

Königspinguine mit fettgefütterten Jungen in der St. Andrews-Bucht, Südgeorgien.

Pralles Tierleben in der Elsehull-Bucht in Südgeorgien. Die »beachmaster« der Pelzrobben haben ihre Reviere abgesteckt. Für eine Landung mit dem Dingi ist kein Platz mehr frei. (nachfolgende Doppelseite)

Die Wale um Südgeorgien wurden ausgerottet. Zurückgeblieben sind die gigantisch und unheimlich anmutenden Geisterstädte der Walfänger. (oben)

Knöchernes Becken eines Wales und eine Harpunenspitze: Überall finden wir Zeugnisse des Walfangs. (oben rechts)

Im Drygalskifjord im Südosten Südgeorgiens: Klar zum Ankern vor dem Gletschermund. (links)

Wasserfall oberhalb der ehemaligen Walfangstation Grytviken.

Golden Bay, Südgeorgien: Gletscherpanorama mit Königspinguinen und Pelzrobben.

Bei den Südsandwichs. Der Zügelpinguin hat sich einen besonders schönen Eisberg ausgesucht. (nachfolgende Doppelseite)

Insel Zavodovski, ein aktiver Vulkan der Südsandwichgruppe, mit Blick auf vorbeidriftende Eisberge. Die Insel ist Nistplatz für Millionen von Pinguinen. Da sie keine geschützten Buchten oder flachen Strände besitzt, können wir sie nur durch ein schwieriges und gefährliches Landemanöver mit dem Dingi entern.

Die idyllische Insel Nightingale mit Tristan da Cunha im Hintergrund. Wir ankern in der einzigen geschützten Bucht des Reviers, zwischen Nightingale und ihrer kleinen Satelliteninsel Middle, wo wir endlich eine Verschnaufpause einlegen können. (nachfolgende Doppelseite)

In den Tropen des Indischen Ozeans

Vom Segeln her finden wir schwierigere Bedingungen vor als erwartet. Das Kapwetter ist launisch: wenn sich ein schneeweißes Wolkentuch über den Tafelberg schiebt, bläst es kurze Zeit später mit solcher Heftigkeit vom Berg herab, dass Schiffe in Seenot geraten und in der Innenstadt Seile in den Straßen gespannt werden müssen, damit Passanten sich daran entlanghangeln können. Die Winterstürme sind zerstörerisch und die Süd- und Südostküste mit ihren starken Strömungen und ihren Monsterseen bei auflandigen Winden unberechenbar. An den meisten Stränden und Buchten liegt das Boot wie auf dem Präsentierteller und ist auflandigen Winden voll ausgesetzt. Da ist es nicht verwunderlich, dass jeder Segler bei Wetterverschlechterung so schnell wie möglich Zuflucht in einem der wenigen Schutzhäfen sucht.

Rauschefahrt unter Spinnaker; unser Skipper ist begeistert.

Südafrika

Südafrika ist für uns ein herrliches Reiseland, in dem wir die Ursprünglichkeit und Wildheit des schwarzen Kontinents mit europäisch geprägter Zivilisation vereint erleben. Aber die Spätfolgen der Apartheid, die krassen wirtschaftlichen und sozialen Unterschiede sowie die latente und offene Gewalt sind allgegenwärtig und bedrükken uns umso mehr, je länger wir im Land sind. Insbesondere, weil wir für die Probleme, die durch die explosive Vermehrung der schwarzen Bevölkerung noch angeheizt werden, keine Lösung sehen.

Die verstreuten Inseln

Die »verstreuten Inseln« in der Straße von Moçambique liegen weitab jeder Schifffahrtsroute. Die zu Frankreich gehörenden Inseln Europa, Juan de Nova und Les Glorieuses sind mit Ausnahme kleiner Stationen unbewohnt. Als Naturreservate (sie sind Zufluchtsort für Wasserschildkröten und Millionen von Seevögeln) dürfen sie nur mit Sondergenehmigung betreten werden. Bassas da India ist nicht einmal eine richtige Insel, sondern lediglich ein ringförmiges Korallenriff, das bei Hochwasser überspült wird und sich allenfalls durch einen weißen Brandungsstreifen verrät. Insbesondere bei Sturm

und unsichtigem Wetter sind diese vergessenen Fleckchen im Meer gefährliche Fallen für Schiffe. Rostzerfressene Wracks auf den ausladenden Riffen sind beredte Zeugen. Vergebens suchen wir nach geschützten Ankerplätzen, und das Anlanden durch die Brandung und die messerscharfen Korallen ist jedesmal mühsam und gefahrvoll. Doch wir werden reichlich belohnt durch einmalige Tier-Erlebnisse und nicht zuletzt durch die Gastfreundschaft auf den Stationen.
Juan de Nova kommt uns auf Anhieb viel zugänglicher und lieblicher vor als die spröde, karge Insel Europa. Ein ausgedehnter weißer Sandstrand mit schmaler Dünenkette säumt ein grünes Fleckchen Land, auf dem dichte Kasuarinenwälder erholsamen Schatten spenden und den Boden mit einem weichen Nadelteppich belegen. Die Insel ist nach dem Spanier Juan de Nova benannt, einem Seefahrer im Dienste Por-

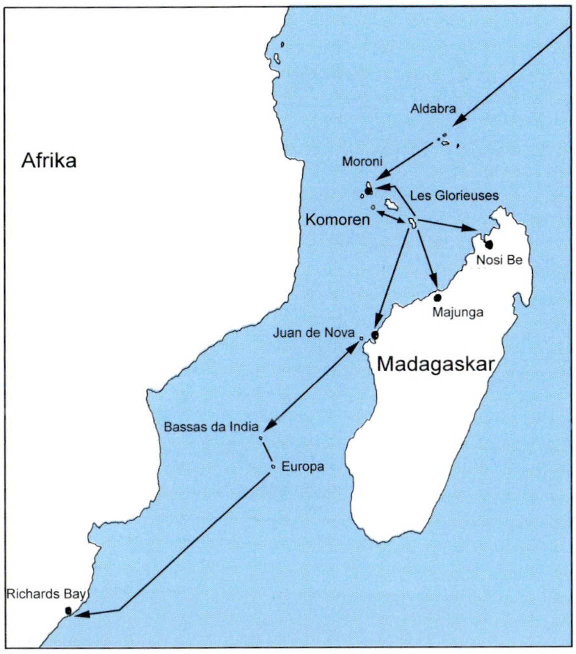

False Bay in Südafrika: Ein südlicher Glattwal winkt uns beim Abtauchen mit seiner Fluke.

Die ausgedehnte trockene Graslandschaft der Karoo ist das wichtigste Schafzuchtgebiet Südafrikas. Wildromantische Kulissen, weite Stille und Einsamkeit erinnern uns an die Steppen Asiens und die Prärien und Pampas Amerikas.

Durch seltene, starke Regenfälle in der Karoo wird die Erde von den Hügeln heruntergewaschen; dann verwandelt sich die karge Steppe kurzzeitig in eine blühende Oase.

Von Mossel Bay aus besuchen wir die Kango-Höhlen: Acht kolossale Grotten und Galerien mit überwältigender Formen- und Farbenvielfalt. Sie wurden 1780 zufällig bei der Suche nach einem verlorenen Rind entdeckt. (rechts)

Noddiseeschwalben auf der Insel Juan de Nova. Ihr Bestand wird stark vermindert durch Nachkommen von Hauskatzen ehemaliger Siedler. Im Hintergrund ein ausgedienter Leuchtturm, der bis vor einem Jahr die Seefahrer vor dem Riff warnte.
Die kleine Insel im Moçambiquekanal ist nach dem Spanier Juan de Nova benannt, einem Seefahrer im Dienste Portugals, der sie 1501 auf einer Reise nach Indien entdeckte. (nachfolgende Doppelseite)

EXIT

Les Glorieuses: Auf den Sandstränden der Inseln haben Meeresschildkröten ihre Eier abgelegt. An den kleinen Sandhügeln wartet die Crew gespannt auf das Schlüpfen von Gelegen. (oben)

Insel Europa im Moçambiquekanal: Grüne Meeresschildkröte nach der Eiablage auf dem Weg zurück zum Meer.

tugals, der sie 1501 auf einer Reise nach Indien entdeckte. An dieser Reise soll auch Amerigo Vespucci teilgenommen haben. Kaum zu glauben, dass der Namensgeber Amerikas schon seinen Fuß auf diesen gottverlassenen Korallenklecks gesetzt hat.

Später lebten Leute von den Seychellen auf der Insel. 1897 wurde sie von Frankreich annektiert, und bis 1970 baute eine französische Gesellschaft hier Phosphat ab.

Von den Franzosen stammt auch der ausgediente Leuchtturm, der bis vor einem Jahr die Seefahrer vor dem Riff warnte. Dennoch rosten auch hier wieder viele Schiffsrümpfe und abgetrennte Decksaufbauten auf dem Korallenplateau. Eines der Wracks steht sogar mitten im Kasuarinenwald: Der ehemalige Frachter aus Formosa war ursprünglich auf der Riffkante gestrandet und wurde erst fünf Jahre später von einem Taifun wie ausgedientes Spielzeug auf die Insel geworfen.

Mit den Leuten der kleinen Wetter- und Militärstation fahren wir zum Sitz des ehemaligen Inselverwalters und Aufsehers der Sklaven aus Mauritius, die hier Anfang des Jahrhunderts Guano abbauen mußten. Sein Haus ist großzügig angelegt, zweistöckig, mit Ballustrade und einer breiten, verzierten Treppe. Daneben die kleinen Hütten, in denen die Sklaven hausten. Auf der Luvseite der Insel zeugen große Kavernen im Korallengrund vom Abbau des einst so begehrten Düngers.

Zwei bis drei Meter hohe, terrassenförmig ansteigende, poröse, versteinerte Korallenmauern

mit Höhlen, kleinen Teichen und Pfützen erheben sich auf dem schmalen Sandsaum des Ufers.

Offensichtlich der ideale Lebenraum für Schlammspringer, von denen es hier nur so wimmelt. Sie sehen aus wie kleine Fische, fühlen sich aber auch an Land pudelwohl. Sie schwimmen, hüpfen und klettern so flink durchs Gelände, dass wir uns vergeblich bemühen, einen von ihnen mit der Kamera einzufangen.

Happy Sailing am Außenriff von Bassas da India (Moçambiquekanal). (oben)

Tauchgang mit Hindernissen: Max hat sich den Fuß verletzt. Ein Gummihandschuh dient als wasserdichter Verband. (unten)

Der Frachter war auf der Riffkante von Juan de Nova gestrandet, sein Wrack wurde später von einem Taifun mitten auf die Insel geworfen.

Anlandung in Juan de Nova.

Auf Juan de Nova wurde früher Phosphat abgebaut, das man mit Hilfe von Loren zu einer kleinen Pier am Strand beförderte. Die Natur hat die Gleise längst zurückerobert. (rechte Seite)

Palmen auf den Glorieuses. (nachfolgende Doppelseite)

Komoren

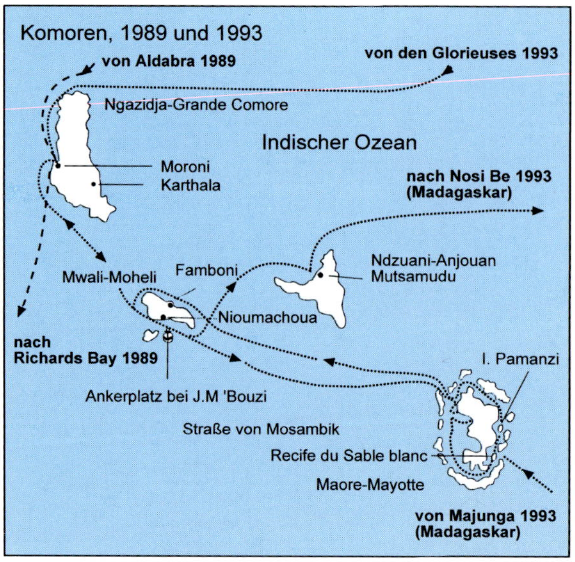

Bei unserem ersten Besuch mit der FREYDIS vor vier Jahren erschienen uns die Komoren noch als eine faszinierende, fremde Welt wie aus Tausendundeiner Nacht auferstanden. Doch inzwischen hat sich dieses Bild zu seinem Nachteil verändert. Drittklassige Videos und anrollender Tourismus haben die Kultur bereits zerstört und die Einstellung, insbesondere der jüngeren Bevölkerung, zu den Masungi (Weißen) negativ beeinflusst; auf Schritt und Tritt bekommen wir das zu spüren.

Unsere Lieblingsbucht liegt an einer kleinen Satelliteninsel südlich Mohelis, an deren Stränden grüne Meeresschildkröten ihre Eier ablegen. Gleich viermal besuchen wir diese Stelle, bis wir entdecken, dass auch dieses Naturschutzgebiet über und unter Wasser geplündert wird.
Trotz des bitteren Beigeschmacks verbringen wir unvergessliche Tage auf diesen Inseln der natürlichen Superlative wie des Quastenflossers – eines lebenden Fossils aus grauer Vorzeit, des gigantischen Vulkans Karthala und der betörenden Parfümblüte Ylang-Ylang.

Madagaskar

Der Riesenvogel »Rock« aus Sindbads abenteuerlichen Erzählungen über die große Insel Madagaskar ist eine »Ente«. Der Madagaskarstrauß ist ausgerottet. Das Land ist durch politische Mißwirtschaft bankrott und zählt zu den ärmsten und rückständigsten der Erde. Die Landwirtschaft wird bei starkem Bevölkerungswachstum noch wie vor 1000 Jahren durch Brandrodung betrieben, die Auswirkungen sind katastrophal. Von den einst ausgedehnten Wäldern ist nicht mehr viel übrig. Bereits bei unserer ersten Annäherung an Madagaskar wurden wir Zeugen dieser widersinnigen Inselzerstö-

Moroni auf den Komoren: Chromblitzende Autos werden in waghalsiger Jonglierarbeit auf groben Holzbarkassen an die Pier gerudert. (rechts)

Komoren: Frauen und Kinder in Mutsamudu, Anjouan. (daneben)

Ein Labyrinth ineinander verschachtelter Häuser aus weißgekalktem Lavagestein in der Altstadt Moronis. (rechte Seite)

Moschee und alter Hafen von Moroni. (oben)

Auf den Komoren flechten die Bewohner die Wände ihrer Hütten aus Palmwedeln.

Markt auf der Gewürzinsel Moroni. (links)

Moroni ist eine Stadt wie aus Tausendundeiner Nacht auferstanden. (rechte Seite)

rung. Im Licht der aufgehenden Sonne bot sich uns ein alptraumartiges Bild: schwarze Rauchsäulen über einer Küste aus dunkelroten Hügeln und Bergen, die See ein backsteinroter Brei. Wir staunten nur, denn so etwas hatten wir noch nie gesehen. Erst später erfuhren wir die Ursache dieses Phänomens: Der Betsibokafluss, der in die Bucht mündet, spült die rote, stark eisenhaltige Erde von den abgeholzten Berghängen des Hochlandes hinunter ins Meer. Madagaskar wird nicht nur hier, sondern an all seinen Flüssen zur Ader gelassen. Amerikanische Astronauten berichteten, von oben sähe es so aus, als blute sich die »große rote Insel« zu Tode.

Ylang-Ylang-Ernte auf Anjouan. Die zartgelben Blätter dieser »Blume der Blumen« liefert den Rohstoff für teure Parfüms. (oben)

Ylang-Ylang-Blüte am Baum.

Und doch ist Madagaskar noch immer eine Insel voller lebender Kuriositäten, mit einer einzigartigen Tier- und Pflanzenwelt, die sich seit Millionen Jahren isoliert entwickeln konnte und selbst mit der des afrikanischen Nachbarn kaum Ähnlichkeiten zeigt.
Allein die Lemuren sind schon eine Reise wert! Von ihnen gibt so viele Unterarten, dass noch heute neue entdeckt werden. Einst sollen sie auch Europa und Afrika bevölkert haben, wurden dort aber schon lange von den entwicklungsgeschichtlich überlegenen Affen verdrängt.

Reisanbau auf Anjouan, Komoren. (linke Seite)

Baobab (Flaschenbaum) auf den Komoren. (linke Seite)

Komoren: Auf dem Gipfel des 2360 Meter hohen Vulkans Karthala (letzte Eruption 1977) breitet sich der größte Krater der Erde vor uns aus und fällt in mehreren Einbruchkesseln ca. 300 Meter in die Tiefe. An einigen Stellen entweichen Gas und Dampf aus den Erdspalten.

Lavabucht mit Einbaum-Auslegerbooten am Fuße des Fischerdorfes Itsandra in der Nähe von Moroni. (nachfolgende Doppelseite)

Skipper am Bug im Spiegel der See. (linke Seite)

Madagaskar. Als wir in die Bombetokabucht der Hafenstadt Mahajanga einlaufen, begegnen uns zahlreiche Auslegerboote, die Sisal, Holz und andere Frachten transportieren. Ihre großen, hellen, über das rot gefärbte Wasser taumelnden Segel gleichen von weitem flatternden Schmetterlingen.

Wir jedenfalls haben großen Spaß mit diesen »Ladenhütern der Evolution«, die sich deshalb noch lange nicht billiger verkaufen – jedenfalls nicht als Fotomodelle. Ganze Bananenstauden nehmen sie uns ab für ein paar lemurige Schnappschüsse! Glutäugige kleinen Schelme sind das – flink, gewitzt und kühn und dabei so friedfertig und sanft, dass wir nur hoffen können, dass ihnen noch eine möglichst lange Frist auf Madagaskar vergönnt ist.

Unter Yachten gilt Madagaskar immer noch als Geheimtip; der große Pulk der Weltumsegler geht an der Insel vorbei. Nur wenige nehmen sich die Zeit, den Nordwesten der großen Insel zu besuchen, der besonders reizvoll ist. Unvergesslich sind für uns, neben den Naturerlebnissen, vor allem die Kontakte mit den heiteren, freundlichen Bewohnern. Auf Nosi Komba, der im Nordwesten vorgelagerten »kleinen Insel«, fühlen wir uns wie in Gauguins Tahiti versetzt; ihre Schönheit und Beschaulichkeit ist so wohltuend und einnehmend, dass wir nur zu gerne noch ein paar Wochen geblieben wären. Aber die Taifunzeit meldet sich bereits mit heftigen Wärmegewittern und feuchtschwüler Luft; außerdem müssen wir unsere Südroute nach Australien rechtzeitig zu Beginn des Südsommers in Angriff nehmen.

Nosi Komba, Madagaskar: Kinder ahmen ihre fischenden Väter in kleinen Auslegerbooten nach. (oben)

Im Schatten der Palmen am Strand sticken Frauen weiße Tischdecken und bieten sie zum Verkauf an. Der Erlös ihrer Handarbeiten sichert den Bewohnern von Nosi Komba ein bescheidenes Einkommen. (nachfolgende Doppelseite)

Glückliche Kinder auf Nosi Komba.

Freundliche Lemuren betteln auf Nosi Komba um Bananen. (rechts)

Blick übers Riff, Komoren (links)

Getümmel an der Fähre
über die Bombetokabucht.

Die kleine Vulkaninsel Nosi Komba strahlt eine so friedliche und heitere Atmosphäre aus, dass wir uns ins Tahiti Gauguins versetzt fühlen.

Im Südindischen Ozean

Wir entscheiden uns für eine südliche Route nach Australien, weit südlicher noch als die der alten Woll- und Weizenklipper – und damit für eine stürmische Reise, denn der Südindische Ozean hat den schlechtesten Ruf aller sieben Meere. Uns reizt jedoch weniger die seglerische Herausforderung als vielmehr ein paar sturmgepeitschte Inseln in dieser kalten Wasserwüste. In diesem Ozean sind sie die einzigen Landkrümel am Rande der Antarktis, auf denen Seevögel brüten und Robben ihre Jungen aufziehen können.

Die Prince Edwards

Unser Besuch ist zwar von Amateurfunkern in Südafrika angekündigt worden, dennoch ist die Überraschung perfekt, als wir am Fuße der kleinen Station auf der Hauptinsel Marion vor Anker gehen. Seit acht Jahren sind wir die erste Yacht, die nach einer Ankündigung auch tatsächlich hier eintrifft. Rasmus war auf der Überfahrt weiß Gott nicht zimperlich mit uns umgegangen: Er schickte uns einen Silvestersturm, der vor allem unsere Neulinge das Fürchten lehrte. Aber an Land werden wir reich entschädigt. Die Herzlichkeit und Offenheit der jungen südafrikanischen Wissenschaftler ist überwältigend. Sie zeigen uns nicht nur die Besonderheiten ihrer geliebten Insel und geben uns Einblick in ihre wissenschaftlichen Arbeiten, sondern sorgen sogar in rührender Weise für unser leibliches Wohl. Höhepunkte für uns sind die Besuche der Albatros-, Pinguin- und Robbenkolonien, das Wracktauchen und der tägliche dramatische Auftritt einer sechsköpfigen Orkafamilie.
Der Abschied von diesem kühlen Fleckchen Erde mit seinen warmherzigen Naturburschen, seinen Tieren, seiner ganz eigenen, wilden Atmosphäre und Ausstrahlung fällt uns besonders schwer.

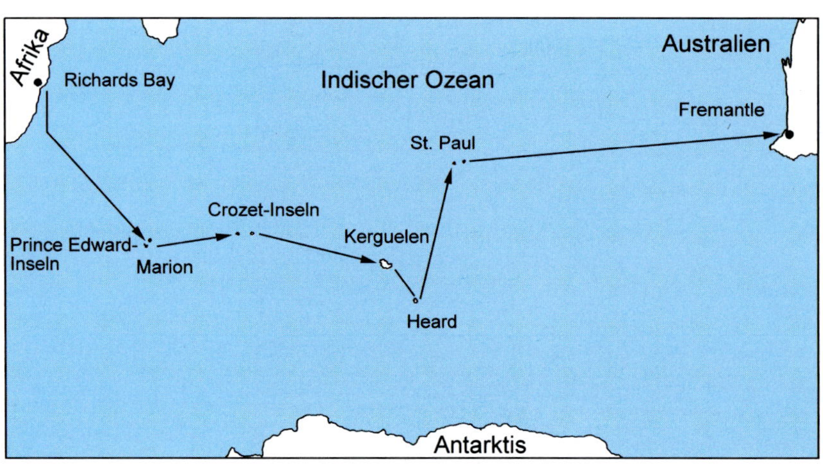

Crozets

Starkwind und Sturm jagen die FREYDIS über die weißschäumende See weiter zur Crozet Inselgruppe, wo wir uns nichts sehnlicher wünschen als ein geschütztes Ankerplätzchen. Nach langer Suche glauben wir es in einer kleinen Bucht der Apostelgruppe gefunden zu haben. Doch sie entpuppt sich als böse Falle, da der Sturm nicht – wie erwartet – abflaut, sondern seine Richtung zu unseren Ungunsten ändert. Mörderische Grundseen und ein Bruch der Ankerkette bringen Schiff und drei Crewmitglieder in höchste Gefahr. Der Rest der Crew, der das Eiland erkunden wollte und dessen Rückweg zum Boot durch die Brecher verbaut ist, muss dem grauenvolle Schauspiel von der Insel aus tatenlos zusehen. Wir durchleben eine lange, qualvolle Nacht, deren Schrecken keiner von uns je vergessen wird.

60 Meilen weiter, auf der Île de la Possession, gelingt endlich ein ungestörter Landgang mit Besuch der französischen Station, wo wir herzlich aufgenommen werden. Einen ganzen Tag nehmen wir uns Zeit für das »Tal der Könige«, wie wir die Kolonie der Königspinguine in dem tiefen, fjordähnlichen Insel-Einschnitt nennen. Wir beobachten, filmen und fotografieren das Leben und Treiben der bis zu einem Meter großen Aristokraten in ihrem quirligen, 100.000 Köpfe zählenden Reich.

ans Licht kam, wurde er für seine angeblichen Lügen hart bestraft. Für Robben- und Walfänger wurde das Archipel allerdings tatsächlich zu Glücksinseln, denn in ihren Buchten fanden sie reiche Beute.

Wie immer kamen die Menschen nicht allein, sondern sie brachten ihre Haustiere mit – in diesem Fall Schafe, Rentiere, Mufflons, Kaninchen, Katzen, Ratten und Mäuse –, gegen welche die inseleigene Fauna kaum eine Chance hatte. Nur einige Satelliten-Eilande um die Hauptinsel herum blieben von importierten Tieren verschont. Auf ihnen ist die Tier- und Pflanzenwelt noch ursprünglich geblieben.

Windfurien hetzen uns an der Küste entlang und oft verhüllt dichter Nebel die Sicht. Gletscherpanoramen, die an Patagonien erinnern, wechseln ab mit Landschaften von eigenartig

Das Groß ist gerissen. Nähstunde bei Windstärke 10.

Kerguelen

Das 7000 Quadratkilometer umfassende Archipel ist der größte Landfleck im subantarktischen Meer. Der französische Entdecker Kerguelen Trémarec taufte das 1772 von ihm gefundene Land, ohne es zu betreten »Îles de la Fortune« (Inseln des Glücks). Er beschrieb es seinem König als ein liebliches, fruchtbares »Frankreich des Südens«. Als ein Jahr später, bei seinem zweiten Besuch, die bittere Wahrheit über diese windzerzausten Eilande (Cook nannte sie später »Inseln der Trostlosigkeit«)

mystisch-romantischem Reiz: Spitze, von der untergehenden Sonne vergoldete Berggipfel thronen über olivgrünen Hügeln mit silbern meandernden Flußläufen und Wasserkaskaden, die an schroffen Uferkanten vom Wind senkrecht in die Höhe gepeitscht werden. Inseln des Glücks oder der Trostlosigkeit? Es ist wohl der Blickwinkel, der entscheidet.

Ein Getriebeschaden setzt unseren Motor an der Südostecke der Haupinsel außer Kraft. Ein Fall für Spezialisten. Da können auch Alain, der liebenswürdige und gastliche Chef des Kerguelenbezirks und seine Mechaniker in der Station

Eine rauschende Silvesternacht! Mit gerefften Segeln jagen wir über den wild aufgepeitschten südlichen Indischen Ozean. Gewaltige Seen mit weißen Schaumkronen türmen sich hinter uns auf, rollen donnernd, tosend und schlürfend ums Schiff und schlagen immer wieder ins Cockpit und an Deck.

Ankunft in der Transvaal Cove, Insel Marion. Die Crew pumpt das Dingi zum Übersetzen auf. Im Hintergrund die kleine Station oben auf der Steilküste. Damit wir trockenen Fußes an Land kommen, werden wir mit einem Kran hochgezogen.

»Port aux Français« nicht mehr helfen. Wir sind noch 4000 Seemeilen von Australien entfernt und werden ab jetzt alle Risiken und Gefahren, alle fatalen Situationen ohne die beruhigende Unterstützung durch den Motor durchzustehen haben.

Heard

Obwohl wir fortan ausschließlich auf den Wind angewiesen sind, will keiner auf Heard verzichten. Sie ist ja auch die einzige echte Antarktisinsel auf dieser Reise durch den Südindischen Ozean, denn sie liegt jenseits der Konvergenzzone. Doch der Wind treibt wieder einmal ein brutales Spiel mit uns. Zwei Tage jagt er uns mit Orkanstärke durch überbrechende Seen, die sich durch den gewaltigen untermeerischen Gebirgsrücken zwischen den Kerguelen und Heard unglaublich steil aufbauen. Immer wieder werden Cockpit und Deck unter Tonnen von Wasser begraben. Der Rudergänger hat große Schwierigkeiten, das Schiff auf Kurs zu halten. In der Nacht läuft die Freydis mehrmals aus dem Ruder und schlägt quer. Jedesmal folgen lange, bange Minuten, denn ein weiterer Brecher könnte das Schiff leicht zum Durchkentern bringen.
Erst in der Atlas Cove, der einzigen geschützten Bucht von Heard, können wir aufatmen. Wir besuchen die ehemalige australische Antarktisstation, deren halbverfallene Hütten längst von Robben und Pinguinen in Besitz genommen wurden, und streifen ein paar Tage durch die eisfreien, aschebedeckten Randbezirke der Insel am Fuße des knapp dreitausend Meter hohen, vergletscherten und noch aktiven Vulkankegels »Big Ben«. Nur spärliches Leben regt sich auf den finsteren Ebenen, ein paar armselige Flechten und Moose, ab und zu ein grünes Azorellakissen, hingestreut wie zur Erholung der von düsterer Eintönigkeit und scharfem Wind überanstrengten Augen. Dahinter steile Wände aus Eis, meist verhüllt in graue, tiefhängende Wolken, aus denen grellweiße Gletscherabbruchkanten wie gebleckte Monstergebisse blitzen. »Eissphinx« nach einem Roman von Jules Verne taufen wir diese unheimliche, beklemmende Insel, die uns in ihrer kalten, strengen Schönheit tiefer berührt als alle zuvor.

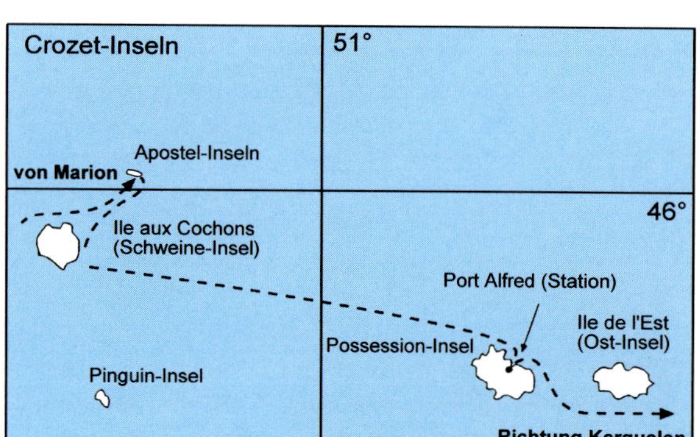

St. Paul

Eine beträchtliche Strecke von knapp tausend Meilen, die wir uns hart erkämpfen müssen, führt uns durch mehrere Klimazonen wieder in angenehmere, warme Gefilde. Auf den ersten Blick wirkt unser Ziel – die Insel St. Paul – ziemlich ernüchternd. Sie ist der Rest eines 300 Meter hohen, düsteren Vulkans und der dreieckförmig zum Meer hin abfallende Rand eines vom Seewasser überfluteten Kraters. Nur gen Osten lässt eine flache Geröllbarre eine kaum acht Meter breite Öffnung. Eine Einfahrt, gerade groß genug für unsere Freydis. Zu unserer Freude ist die Insel im Innern wunderbar grün

Es gibt keine wirklich geschützte Bucht auf der Insel Marion (das gilt auch für fast alle anderen Inseln am Rande der Konvergenz). Marion liegt so weit südlich, dass die Tiefs nicht nur von Westen kommen, sondern auch häufiger Oststürme auftreten. Bei Winddrehung oder auflandigem Sturm muß man schleunigst den Ankerplatz wechseln oder auf die offene See hinauslaufen, um eine Strandung zu vermeiden. (rechte Seite)

Kontaktaufnahme mit einem Wanderalbatros auf Marion. Die Zutraulichkeit der Vögel macht es einfach, sie zu beobachten. Weit entfernt von menschlichen Behausungen kennen sie keine Feinde und lassen sich deshalb auch fast widerstandslos von den Biologen der wissenschaftlichen Station beringen.

Elefantenrobbenbulle. Beim Fellwechsel gehen die Tiere oft wochenlang nicht ins Wasser und nehmen keine Nahrung auf.

Rußalbatros mit Küken an einer Steilküste von Marion. Sie gelten als die geschicktesten Flieger unter den Albatrossen.

Die Insel Possession des Crozet-Archipels: Landung im Crique de Navire, am Fuße der französischen Station. Der Weg führt an einer großen Kolonie von Königspinguinen vorbei. (rechte Seite oben)

Ein Königspinguin hat einen ausgedienten Robbenfänger-Tranpott als Aussichtsplatz gewählt. (rechte Seite unten)

und das Wasser voller Fische. Die Glücksgefühle, die sie in uns weckt, sind die gleichen wie vor einem Jahr auf Nightingale, als wir ebenfalls aus der Antarktis zurückkehrten. Höhepunkte während unseres kurzen Aufenthaltes sind die Entdekkung heißer Dampffontänen am Ufer und ein Badespaß mit übermütigen Pelzrobben.

Fremantle

Als wir nach weiteren 2000 Meilen Fremantle an der Westküste Australiens erreichen, liegt der Südindische Ozean hinter uns und damit unsere bisher längste Etappe um die Welt auf der Route der Albatrosse. Zehneinhalb Wochen zu acht auf engstem Raum unter oft härtesten Bedingungen stellen höchste Anforderungen an eine Crew. Deshalb sind wir alle sehr stolz darauf, dass wir nach so langer Zeit in bedrückender Enge Freunde geblieben sind und mit Freude auf unser Zusammensein an Bord zurückblicken können. Im Gedächtnis bleiben schöne Bilder von einsamen Buchten, tiefblauem Meer, gigantischen Vulkanen, bizarren Eisbergen, Gletschern und Tieren, die noch nie einen Menschen sahen – und nicht zuletzt das gemeinsame Erlebnis eines gemeinsam bestandenen Abenteuers.

Französische Wissenschaftler der Station begleiten uns ins Reich der Königspinguine. (nachfolgende Doppelseite)

Bei dem hohen Schwell wird der Landgang zum riskanten Manöver. Die Vorhut befestigt eine Leine als Aufstiegshilfe an der Steilküste.

Die einzige geschützte Ankerbucht des westlichen Crozet-Archipels entpuppt sich als üble Falle: Ein Teil der Crew hat vom Dingi aus die Insel geentert und muss hilflos mitansehen, wie meterhohe Grundseen das Schiff bedrohen. Nach einer Nacht der Todesangst sind alle wieder auf dem Boot vereint. (nachfolgende Doppelseite)

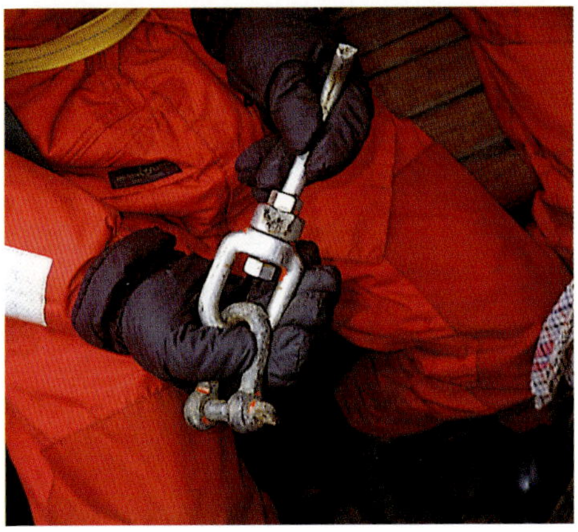

Blick auf die sturm-umtosten zwölf Apostel, Crozets. (links)

Die Seilschaft wagt den Aufstieg. (oben)

Zeugnisse einer schlimmen Nacht: Ein gebrochener Finger und ein gebrochener Ankerwirbel (16 mm stark). (Mitte und unten)

Elefantenrobbenbulle bei der Mittagsruhe. (oben)

St. Paul: Freundliche Kontakte von Frau zu Frau. (darunter)

Beeindruckend: Junger Wanderalbatros auf dem Nest. (rechts)

Kerguelen voraus. (linke Seite)

Wir ankern vor dem Cook Gletscher im Westen der Hauptinsel der Kerguelen.

Kerguelen: Auf der ehemaligen Walfangstation Port Jeanne d'Arc. (unten)

Heard: Elefantenrobbenweibchen beim Fellwechsel am Fuße des vergletscherten, dreitausend Meter hohen Vulkans »Big Ben«.

In kleinen Gruppen erkunden wir die düstere, aschebedeckte Ebene zwischen Atlas Cove und Corynthian Bay auf Heard.
Im Vordergrund Relikte aus der Wal- und Robbenfängerzeit: Gräber mit Holzkreuzen, Häuserfundamente und die Reste einer Trankocherei mit gußeisernen Pötten.

Kaptauben und Taubensturmvögel beim Fischen in der Brandung von Corynthian Bay auf Heard.
(nachfolgende Doppelseite)

Heard: Wir bunkern Süßwasser aus einer Regentonne auf der verlassenen australischen Station. Der Wind pfeift durch die halbverfallenen Holz- und Blechhütten. In der Schützhütte finden wir ein wasserdicht verpacktes Stationsbuch. Die Zeilen, die der Segler Gerry Clark vor acht Jahren darin niederschrieb, berühren uns sehr.

Eiskalte Süßwasserdusche aus der Regentonne auf Heard. (oben)

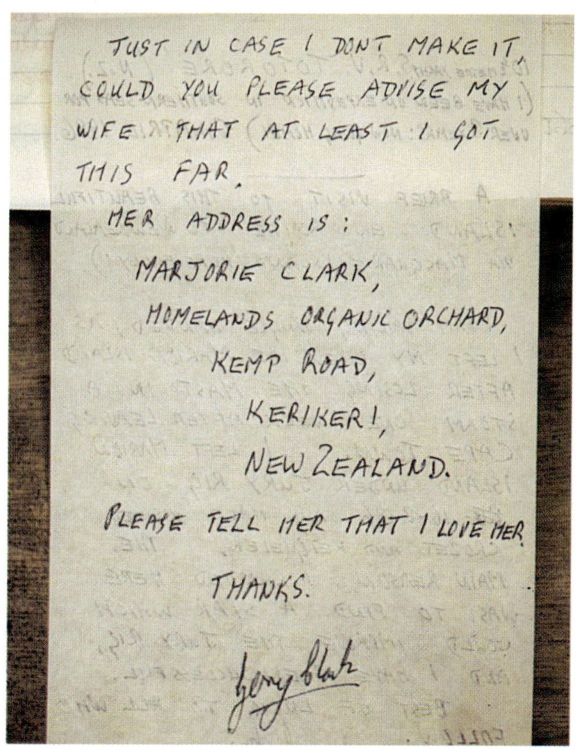

JUST IN CASE I DONT MAKE IT,
COULD YOU PLEASE ADVISE MY
WIFE THAT (AT LEAST I GOT
THIS FAR.
HER ADDRESS IS:
MARJORIE CLARK,
HOMELANDS ORGANIC ORCHARD,
KEMP ROAD,
KERIKERI,
NEW ZEALAND.
PLEASE TELL HER THAT I LOVE HER
THANKS.
Gerry Clark

Abschiedsbrief von Gerry Clark an seine Frau. Ein Jahr später lernen wir beide persönlich kennen.

St. Paul: An der Nordwestseite des Kraters, einige Meter oberhalb des Ufers, entdecken wir inmitten besonders üppig wachsender Gräser und Farne mehrere Erdlöcher, aus denen heißer, nach Schwefel riechender Wasserdampf entweicht. (linke Seite)

Auf St.Paul finden wir endlich einen geschützten Liegeplatz inmitten des Indischen Ozeans. Die Insel ist der Rest eines Vulkans und der Rand eines vom Meer überfluteten Kraters. Während der Berg nach Norden, Westen und Süden dreieckförmig zum Meer hin abfällt, ist der Krater nach Osten nur durch eine flache Barre begrenzt, die eine schmale Öffnung lässt. Im Vordergrund Gelbschopfpinguine in der Mauser. (nachfolgende Doppelseite)

FREYDIS

Im Kratersee von St. Paul: Von den griesgrämigen Elefantenrobbenbullen halten wir uns besser fern. (oben)

Am Ziel, in Fremantle, Westaustralien, haben die Stürme von unserer Fahne nicht viel übriggelassen.

»Fisch satt« auf St. Paul. (linke Seite)

In den Pazifik

Shark Bay

Schon lange habe ich davon geträumt, einmal mit einem »wilden« Delphin nähere Bekanntschaft zu machen. Außer in antarktischen Gewässeren, wo mir zu solchen Späßen nicht zumute war, habe ich immer wieder sehnsüchtig die Beine durch den Bugkorb hinuntergestreckt, wenn sie wieder mal in unserer Bugwelle dahingaloppierten, um sie wenigstens mit den Füssen zu berühren. Doch nie hatte ich Erfolg. Ganz im Gegensatz zu den Seelöwen, die beim gemeinsamen Schwimmen und Tauchen ungemein zutraulich sind, wollten Delphine nie etwas von mir wissen. Ich musste ihre Zurückhaltung respektieren, meine Annäherungsversuche gab ich trotzdem nicht auf.

Wir pilgern deshalb nach Monkey Mia in der Shark Bay, 500 Seemeilen nördlich von Fremantle. Dort sollen freilebende Bottlenose-Delphine häufig zum Strand kommen, um Kontakt mit Menschen aufzunehmen. Vielleicht finde ich dort, was ich suche?

Die sagenhafte Shark Bay, westlichster Punkt des australischen Kontinents, ist ein großer, von Riffen, Halbinseln und Inseln eingeschlossener Meerbusen, in dem sich eine reichhaltige Fauna und Flora entwickeln konnte. Im struppigen, unzivilisierten und trockenen »Outback« Westaustraliens gelegen, zeigt ihre Umgebung einprägsame Kontraste einer Steppenlandschaft. Die Monkey Mia Bucht liegt an der Ostseite einer Halbinsel, die ins geschützte Innere der Shark Bay ragt.

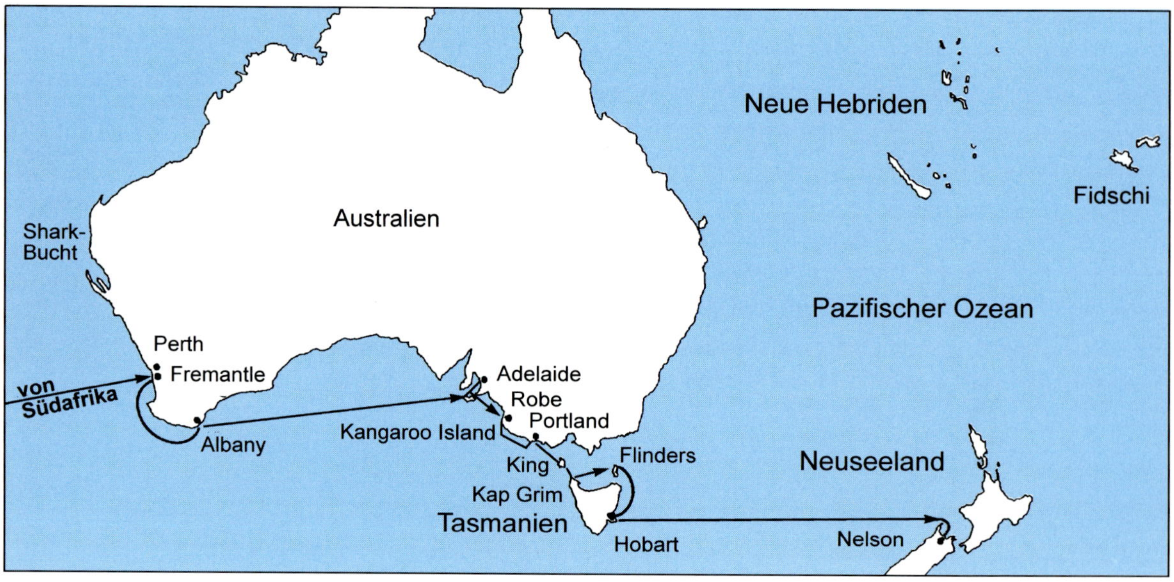

Auf Kangaroo Island warten Pelikane bei der Rückkehr der Fischer auf ihren Anteil.

Kangaroo Island: Kängurujunges möchte lieber spielen als in Mamas Beutel.

Ob wir einen Delphin zu sehen bekommen, ist ungewiss; sie kommen und gehen ganz nach eigenem Belieben. Da die Sonne am Nachmittag immer noch warm in die Bucht scheint, bummel ich an dem fast menschenleeren Strand entlang, um nach den Meeressäugern Ausschau zu halten und Muscheln zu suchen. Schon der Entdecker-Pirat William Dampier, der die Bucht 1688 besuchte, hatte Perlen in der Bucht erwähnt. Heute gibt es dort eine schwimmende Perlenzucht. Am Strand liegen jede Menge glitzernder Austernschalen mit eigenartig goldgelbem Perlmutt. Ich finde keine Perle, aber das Glück ist mir auf andere Weise hold: Als ich anhalte, um ein kleines Mädchen zu beobachten, das im Wasser spielt, und neben dem ein kolossaler Pelikan mit dem wachsamen Blick eines Babysitters steht, scheint noch jemand Gefallen an diesem Duo zu finden. Plötzlich schießt ein Körper mit dunkler Dreiecksflosse wie ein Torpedo in der Bucht durchs Wasser auf die beiden zu – ein Delphin! Er stoppt direkt vor dem Kind, das den stürmischen Besucher zu kennen scheint und freudig aufkreischt. Ich kann mein Glück kaum fassen, schon in den ersten Stunden bin ich Zeuge einer so traumhaften Szene! Und das ist noch nicht alles, denn gleich darauf schwimmt der Delphin auch zu mir und mustert mich, indem er sich ein wenig auf die Seite dreht, aus einem seiner sanften dunklen Augen. Ganz ruhig verhält er sich, als ich mich zu ihm hinabbeuge und mehrmals behutsam über seine Flanke streichel, die sich angenehm samtig anfühlt. Langsam umkreist er mich und dreht sich auch zur anderen Seite, um liebkost zu werden, ganz wie Freunde in Australien nicht nur die eine, sondern auch die andere Wange zum Begrüßungskuss hinhalten. Aber dann prescht er plötzlich mit gewaltigen Sprüngen davon wie einer, der sich einen tollen, waghalsigen Spaß erlaubt hat, sich nun aber rasch wieder in Sicherheit bringt. Dieses erste, ganz und gar unverhoffte Zusammentreffen mit einem in Freiheit lebenden Delphin hat mich tief bewegt. Nie werde ich die sanften Blicke dieser großen feuchten Augen vergessen.

Unsere Abreise von Fremantle verzögert sich um einen Tag, der Travellift des Clubs geht bei den 25 Tonnen unserer FREYDIS in die Knie.

Monkey Mia, Westaustralien: Begegnung mit einem in Freiheit lebenden Delphin. (oben und rechts)

Einer der vier Seilwinden-Motoren hat versagt und läßt unser Schiffchen fast auf die Betonplatte durchsacken. »Zurück ins Wasser!« brüllen Erich und ich entsetzt. Dank eilig herbeigerufener Experten klappt es dann am nächsten Morgen zum Glück ohne Probleme. Erleichtert machen wir uns an die Arbeit; nach ein paar Tagen ist ein neues Schwertfall eingezogen, der Echolotgeber ausgewechselt, das Unter- und Überwasserschiff gestrichen, und die Fenster sind abgedichtet.

Raume Winde blasen uns an der Westküste entlang nach Süden. Segeln vom Feinsten unter blauem Himmel. In der Nacht Delphineskorte im funkelnden Meer. Der neuen Crew wachsen langsam Seebeine. Nach Rundung von Kap Leeuwin, der Südwestspitze Australiens, laufen wir den kleinen Fischerort Albany an – einzig guter Liegeplatz vor unserem 1000-Meilen-Sprung über die Große Australische Bucht.

Die Überquerung ist – mit einem Wort gesagt – ätzend, doch die Crew bewundernswert tapfer. Ich verstehe nun gut, was ein Segler in Fremantle zu uns sagte: »Die Große Bucht? Das übelste Stück einer Australien-Umsegelung – very rough, very unpleasant!«

Nach 10 Tagen endlich Land in Sicht: »Greeny« und »Rocky Island«. Es sind zwar nur ein paar

Kangaroo Island: Freundlicher Koala auf einer Schaffarm. (rechte Seite)

Replik von Cooks ENDEAVOUR im Hafen von Fremantle.

kümmerliche Mäusezähnchen, die aus dem Wasser ragen, aber ich zolle ihnen freundlichste Blicke, weil sie das Ende dieser vom seglerischen her so unerfreulichen Bucht markieren und auch das Ende unserer 850 Seemeilen-Segelstrecke ohne jede Schiffsbegegnung, ohne Ausweichmöglichkeit, ohne natürlichen Schutzhafen.

Schier unglaublich: In den Jahren 1986 bis 1988 ist Jon Sanders von Fremantle aus dreimal ohne Unterbrechung um die Erde gesegelt. Die erste Runde von Ost nach West, die zweite und dritte von West nach Ost. Insgesamt legte er 71.000 Seemeilen in 657 Tagen zurück.

Kangaroo Island

Langeweile würde ich ganz bestimmt nicht bekommen auf dieser abwechslungsreichen Insel, die uns im Nachhinein wie ein »Miniatur-Australien« erscheint, weil sie im Kleinen alles besitzt, was auch für den großen Kontinent charakteristisch ist: Busch, Wald, Steppe, felsige Steilküsten, Sandstrände, ja sogar eine kleine Wüste! Und natürlich Kängurus, Koalas, Schnabeligel, Schnabeltiere und Robben. Daneben bietet sie auch große Farmen und kleine Ortschaften sowie an allen Ecken und Enden aufregende und interessante Pioniergeschichte.

King Island, Bass Straße

Die Bass Straße empfängt uns mit böigem Südwestwind um 7 Bft und steilen Seen. Zum Glück steuert sich die FREYDIS hoch am Wind

Kangaroo Island: Ein Wombat ist ein schwerer Brocken. (linke Seite)

EPIGLASS
SUNSET

Auf dem Travellift in Fremantle. Beim ersten Hebeversuch ließ er die *Freydis mit ihren 22 Tonnen beinahe auf die Steinpier fallen. (linke Seite)*

Dünen aus lauter kleinen Muscheln in der Shark Bay.

selber – eine große Erleichterung. Vor den Felsklippen Portlands stürzen gelbköpfige Australtölpel wie Pfeile ins Wasser und fischen ihr Frühstück aus der Tiefe. Ich bin nicht traurig, dass wir uns von der windgepeitschten Festlandküste entfernen, die im letzten Jahrhundert so vielen Seglern zum Verhängnis wurde. Die örtlichen Museen strotzen geradezu vor Wrack-Relikten und schaurigen Strandungsberichten. Aber auch unser nächstes Ziel, King Island, forderte allein seit 1835 an die 100 Schiffe und 800 Menschenleben! Wie erleichtert bin ich, als wir endlich im Hafen festmachen.
Abgesehen von der oft stürmischen See um sie herum, ist King eine ruhige, verträumte Insel mit 2000 Einwohnern und – welche Attraktion! – einem versteinerten Wald. Am Hinweisschild stehen Wallabies (eine kleine Känguru-Art), als ob sie auf uns gewartet hätten. »Das ist wohl das Empfangspersonal hier?« freut sich ein Mitsegler, »gleich ziehen sie die Tickets aus den Beuteln!« Sie begleiten uns ein paar hundert Meter weit zu einer kleinen Sandwüste am Meer, aus der fossile Baumruinen senkrecht aufragen wie Mahnmale aus einer anderen Welt oder im Sand liegen wie bleiche Knochen auf einem Schlachtfeld – ein gespenstisches Szenario! Leider werden diese mysteriösen Überreste, die Millionen Jahre zu ihrer Entstehung gebraucht haben, bereits in hundert Jahren durch Erosion zerstört sein. Doch unter dem Sand versiegelt ruhen noch mehrere Lagen, sodass auch kommende Generationen sie noch bestaunen dürfen!

Flinders

Am Nachmittag laufen wir in den Franklin Sund zwischen den Inseln Flinders und Cape Barren ein, der nicht gekennzeichnet und ein wahrer Irrgarten ist aus Klippen, Felsen, tückischen Sänden und engen Wasseradern mit unberechenbaren Strömungen. Düstere Ufer aus Felsen und Wald ziehen an uns vorrüber, selten eine Hütte oder ein Haus. Trotz schlechter Sicht und hereinbrechender Nacht finden wir mit Hilfe von GPS, Radar und Echolot unseren Weg in die Adelaide-Bucht, wo wir müde und abgekämpft festmachen.

Unser Crew-Jüngster Ulrich steuert durch die aufgewühlte See der Großen Australischen Bucht.

SECUMAR
BOLERO

In einem Kleinbus mit Allradantrieb gehen wir auf Entdeckungsreise. Erstes Ziel ist Whitemark, »gesellschaftliches und wirtschaftliches Zentrum« der Insel – ein paar Häuserzeilen im Wildweststil mit einem restaurierten »historischen« Hotel aus dem Jahre 1911. Sogar ein Touristeninformations-Büro gibt es, in dem uns eine freundliche ältere Dame eine Inselkarte mit der Aufschrift »Discover Flinders Island before the world does« aushändigt. Ein Schmuckstein unter einer Lupe, der verführerisch funkelt, weckt unsere Neugier. »Flinder's Diamond« steht darunter. In Idar Oberstein sei er geschliffen worden, erfahren wir von der Dame, die uns längst als Deutsche identifiziert hat. Tatsächlich sind die »Flinders Diamonds« keine echten Diamanten, sondern besonders harte, klare Topase, zuweilen mit einem gelben oder blauen Schimmer. Versierte Taucher brechen sie in der Killiecrankie Bucht aus den Felsen unter Wasser, aber mit etwas Glück könne man sie auch einfach am Strand auflesen, höre ich entzückt und dazu in Gedanken Marylin Monroe singen: »Diamonds are a girl's best friends«. Schnell kreuze ich den Fundort auf der Karte an.

Am Fuß einer kleinen Siedlung erreichen wir die »Diamanten«-Bucht und machen uns sofort (before the world does!) auf die Suche. Stundenlang laufen wir mit der Nase am Boden über den mehrere Kilometer langen und mit ablaufender Tide immer breiter werdenden Sandstrand. Die schwarzen Austernfischer, die auf der Suche nach Fressbarem unentwegt am Strand hin- und herrennen, müssen uns für harte Konkurrenz halten. Wir entdecken tatsächlich alle möglichen Schätze: Muscheln, Robbenzähne, Krebszangen und sogar versteinertes Holz – bloß keine Diamanten. »Best friends« sind eben nicht so leicht zu finden!

»Was sagt denn der Wetterbericht?« fragen wir den Hafenmeister besorgt am Abend. »Awful«, brummt er. Der Wetterbericht auf Flinders ist einfach, es gibt nur ›awful‹, ›very awful‹ und ›simply terrible‹. »Und die weiteren Aussichten für die Nacht?« »Very awful, the wind will blow a dog off his chain!« Na, hoffentlich die FREYDIS nicht von ihren Leinen! Nach umfangreichen Sicherungen überstehen wir die Sturmnacht zwar schlaflos, aber ohne böse Überraschungen.

Auf King Island scheint die Zeit stehen geblieben. Ein versteinerter Wald am Ufer bietet eine surrealistische Kulisse.

James Cook Memorial in der Adventure Bay auf Bruni Island, Tasmanien. Hier ankerte Cook 1777 auf seiner 2. Reise mit der RESOLUTION. Doch er war nicht der Erste. Der Holländer Abel Tasman hatte Bruni Island und die nach ihm benannte große Insel Tasmanien bereits 150 Jahre vor ihm entdeckt. (links)

Wasserfall im Regenwald von Tasmanien. Auf der Erde gibt es nur drei Regionen mit sogenanntem »kalten Regenwald«: in Feuerland, im Südwesten Neuseelands und in Tasmanien. (linke Seite)

In den Wäldern Südwest-Tasmaniens lebt der Tasmanische Teufel noch in Freiheit. (oben rechts)

King Island: Schere einer Riesenkrabbe. (unten)

Schwere Havarie am Tag unserer Ankunft in Hobart. Die hier gebaute Katamaranfähre rast auf der Probefahrt mit 40 Knoten auf eine Felsschäre am Eingang des Derwent-Flusses. Wie durch ein Wunder kommt kein Mensch zu Schaden, doch die Aluminiumrümpfe sind aufgerissen, und es dauert Wochen, bis das Schiff abgeborgen werden kann.

153

Mit zwei Reffs im Groß und stark gereffter Genua preschen wir über die Tasmansee. Der Wind hat deutlich zugelegt und der Luftdruck fällt rapide. Es sollte der Beginn des längsten Tiefs werden, in dem wir je gesegelt sind.

Am Ziel! Wir laufen in die Cook Straße zwischen den beiden Hauptinseln Neuseelands ein. (nachfolgende Doppelseite)

Von Tasmanien nach Neuseeland

Viele Wochen haben wir auf Tasmanien verbracht und doch viel zu wenig Zeit für diese außergewöhnliche Insel, in deren verwunschenen Regenwäldern sich die Tasmanischen Teufel noch heute »Gute Nacht« sagen.
Am Morgen laufen wir aus. Windstille, friedliche See – wie beruhigend für den Anfang! Bis zur Westküste Neuseelands liegen 1200 Seemeilen vor uns. Schon nach einem Tag beginnt das Barometer zu fallen. Es sollte der Beginn des längsten Tiefs werden, in dem wir je gesegelt sind!
Ausgefranste Windhosen hängen vom Himmel, und gewaltige Wogen rauschen und gurgeln unter unserer FREYDIS hindurch, lassen sie dröhnend und zitternd die Täler hinunterschießen. Manchmal donnern die Brecher wie Rammböcke gegen die Schiffswand oder schlagen ohne Warnung ins Cockpit. Die meiste Zeit aber läuft unser Schiffchen wie auf Schienen – Achterbahnschienen. Lieber Gott, lass es noch mal gut gehen! Auch Chichester ist hier mit seiner GYPSY MOTH gekentert.
Muskelschmerzen und Schwielen an den Händen. Dass Rudergehen Schwerarbeit ist, liegt nicht allein am Sturm, sondern auch daran, dass wir soviel Zeug wie möglich gesetzt haben, um den zumindest von der Richtung her günstigen Wind optimal auszunützen.
Nach nur neun Tagen laufen wir in die Cook Straße zwischen den Hauptinseln Neuseelands ein. Zwar scheint die Sonne, aber das Thermometer im Cockpit klettert nicht über 12°C. Ohne Ölzeug ist es im Wind noch immer kaum auszuhalten. Ist das hier etwa der Frühling? Wir träumen von warmen, sonnigen Tagen, lauen Nächten, sanften Winden. Nach den Stürmen der Bass Straße und der Tasmansee ist unser Bedarf an Kälte und Nässe wieder mal gründlich gedeckt. Eine Pause in freundlicheren Gefilden haben wir beide dringend nötig. Wir trösten uns damit, dass wir schon bald die Nordinsel Neuseelands ansteuern. Dann können die »Brüllenden Vierziger« mal längere Zeit ohne uns brüllen.

Unter Spinnaker im Parengarenga-Fjord im Norden Neuseelands.

Hab Sonne im Herzen
und immer eine Palme
in der Vorpiek!